DER BUNTE GESCHICHTENBUS

In neuer Rechtschreibung

1. Auflage 2003
© 2003 by Arena Verlag GmbH, Würzburg
Alle Rechte vorbehalten
Einband und Illustrationen: Lila L. Leiber
Gesamtherstellung: Westermann Druck Braunschweig
ISBN 3-401-04876-7

Volkmar Röhrig

Hexengeschichten

Mit farbigen Bildern von Lila L. Leiber

Volkmar Röhrig
geboren 1952 in Lützen, studierte Germanistik und Kulturwissenschaft,
arbeitete u. a. als Hörspieldramaturg, Regieassistent und Lektor.
Heute leitet er seine eigene PR-Agentur und schreibt erfolgreiche
Hörspiele sowie Kinder- und Jugendbücher.
Volkmar Röhrig lebt in Leipzig und Mainstockheim.

Lila L. Leiber
hat zwar grüne Hexenaugen – aber keinen Hexenbesen. Dafür fliegt sie
mit dem Pinsel über die Seiten und zaubert Bücher bunt! Nach dem
Abschluss ihres Studiums in Warschau zog es sie nach London und
nach Deutschland. Lange hat sie als Art-Direktorin in einer
Werbeagentur gearbeitet; seit der Geburt ihrer beiden Zauberlehrlinge
David und Robert arbeitet sie freiberuflich und hat schon viele Kinder-
und Schulbücher für verschiedene Verlage illustriert.

Inhalt

Wie die kleine Hexe
sich beim Kochen
das ABC merkt

Abrakadabra, **B**esenstiel,
Creme aus der **D**ose, nicht zu viel,
Ekelpickel, **F**liegenbein
und dann **G**änsefett hinein.

Hamsterbacke, **I**gelblut,
Juckreizpulver schmeckt mir gut,
Krötenauge, **L**ebertran,
Mäuseherz und **N**ilpferdzahn.

Ochsenbrühe macht auch stark
und ein **P**fund vom süßen **Q**uark,
schließlich noch ein **R**attenkopf
und drei **S**pinnen in den **T**opf.

Umgerührt im **V**ollmondschein,
notfalls 'nen Schluck **W**asser rein,

X- und **Y**- mal probiert,
wird der **Z**auberbrei serviert!

Luzie braucht einen Besen

Die Hexe Luzie stürmt in den Baumarkt. Ihr
Haar ist völlig verstrubbelt, das Kleid an
mehreren Stellen kaputt, an den Armen
und Beinen sind überall Kratzer. Auf ihrer
Schulter sitzt ein großer schwarzer Rabe,
in der Hand hält sie einen zerbrochenen
Besen. »Kra, kra, wir sind da!«, krächzt der
Rabe Rudi.
Ein Verkäufer eilt ihnen entgegen und fragt
höflich: »Oh, gnädige Frau, hatten Sie
einen Unfall, kann ich helfen?« Der
Verkäufer heißt Ludwig, aber das ist nicht
weiter wichtig.
»Hexenpech und Wolkenbruch!«, flucht die
Hexe Luzie. »Ich bin gerade mit einem
Drachen zusammengestoßen und
abgestürzt.«
»Mit einem echten Drachen?«, fragt der

Verkäufer und schüttelt ungläubig den Kopf.

»Kra!«, krächzt der Rabe und nickt. »In den Wolken krach und peng, auf die Erde schneddredeng!«

»Halt den Schnabel, Rudi!«, faucht Luzie und zeigt ihren zerbrochenen Besen. »Ich brauche sofort einen neuen!«

»Der ist ja uralt!«, staunt der Verkäufer. »Ich habe sehr schöne, moderne Besen.«

»Kra!«, krächzt der Rabe Rudi. »Alt oder neu ist piepegal! Fliegen muss er allemal!«

»Ha, ha!«, lacht der Verkäufer. »Das ist ja ein lustiger Vogel.«

»Kra!«, krächzt Rudi und plustert sich auf. »Her mit dem Besen, ritze, ratze, sonst kacke ich dir auf die Glatze!«

»Sofort, sofort!«, sagt der Verkäufer verlegen. »Ich zeige Ihnen alle, die ich habe.«

Er läuft zur Besenabteilung, hinter ihm
Luzie mit dem Raben auf der Schulter.
Einige Leute folgen neugierig.
»Wo gibt's denn so was?«, flüstert eine
Frau. »Mit einem Drachen in der Luft
zusammengestoßen, Quatsch!«
»Und wie sie aussieht!«, raunt eine andere.
»Womöglich ist sie aus der Nervenklinik
abgehauen. Man sollte die Polizei rufen!«
»Ach wo!«, sagt ein Mann. »Das ist bloß
ein Hexenkostüm. Bestimmt wird hier ein
Film gedreht!«

Vor einem langen Regal bleibt der Verkäufer stehen. »Bitte sehr, hier finden Sie Besen für alle Fälle. Diese sind für Wohnung oder Haus, die da für Straße, Balkon oder Terrasse. Dort welche aus Kunststoff oder Holz. Links sehen Sie Besen für Linkshänder, rechts für Rechtshänder, oben für große, unten für

kleine Leute. Ich habe sie in den Farben
Rot und Grün und Blau und –«

»Hexenquark und Teufelsdreck!«,
unterbricht ihn Luzie verärgert. »Sie
machen mich ganz verrückt! Ich will
wissen, welcher am besten fliegt!«

»Kra!«, krächzt der Rabe. »Her mit dem
Flieger, aber zack, sonst zwick ich dir die
Nase ab!«

Erschrocken fasst sich der Verkäufer an
die Nase. Luzie schiebt ihn energisch
beiseite. »Platz da, ich probiere selber
aus.«

Der Verkäufer und die Leute weichen
zurück. Luzie zeigt auf einen Besen und
murmelt: »Akrakadabra, Besenwanst, zeig
mir alles, was du kannst!«

Da fährt der Besen aus dem Regal und
fegt, ritsch, ratsch, in drei Sekunden den
ganzen Fußboden blitzblank.

Anschließend springt er wieder an seinen Platz zurück.

»Oh«, rufen die Leute und der Verkäufer staunt.

»Pfui, Spinne!«, flucht die Hexe und spuckt aus. »Ist das alles? Mehr kannst du nicht?« Dann zeigt sie auf den nächsten und murmelt ihren Spruch. Der fegt noch schneller über den Boden, erneut rufen die Leute »Oh!« und »Ah!«, aber die Hexe spuckt wieder enttäuscht aus. Das passiert auch bei allen anderen Besen. Inzwischen stehen über hundert Leute staunend um Luzie herum, klatschen und rufen jedes Mal »Oh!« und »Ah!«, sogar »Bravo!«.

»Hexenplunder«, faucht Luzie den Verkäufer an. »Kein einziger taugt was!«

»Oh nein!«, ruft eine Frau und läuft zum Regal. »Ich nehme den kleinen Besen, der war besonders schnell!« – »Ich den für

Linkshänder!«, ruft eine zweite. »Nein, das
ist meiner!«, ruft eine dritte. Ein Mann
schreit lauter als alle anderen. »Ich war
zuerst da, ich will fünf Stück!« Mit einem
Mal ist ein Wühlen und Drängen, ein
Schieben und Streiten um die Besen, die
Leute reißen sie sich gegenseitig aus den
Händen und rennen damit zur Kasse. Eine
Minute später ist das Regal völlig leer.
»So viele Besen habe ich in meinem
ganzen Leben noch nicht verkauft!«, sagt
der Verkäufer glücklich.
»Kra!«, krächzt Rudi, der Rabe. »Kra, was
sind die Leute dumm, Besen fliegt nicht,
fegt nur rum!«

Plötzlich hört Luzie ein seltsames Geräusch und sieht, wie ein Mann und eine Frau einen Staubsauger ausprobieren. »Hexenwunder, Teufelsding!«, ruft sie erstaunt. »Ein Besen mit Motorantrieb!« »Oh . . . äh . . . ah, nein!«, stottert der Verkäufer.

Doch die Hexe rennt hin, nimmt dem Mann den Staubsauger aus der Hand und setzt sich einfach drauf.

»Was erlauben Sie sich?«, schimpft der Mann und will den Staubsauger zurückreißen.

»Kra!«, krächzt Rudi. »Pfoten weg, den nehmen wir, sonst pick ich in den Hintern dir!«

»Akrakadabra, Motorwind!«, murmelt Luzie. »Fliege in die Luft geschwind!« Und tatsächlich, der Staubsauger brummt laut, steigt in die Höhe und fliegt über alle Leute und die Kassen hinweg zur Tür.

»Halt, stopp!«, ruft ihnen der fassungslose Verkäufer hinterher. »Sie müssen noch bezahlen.«

Die Hexe dreht um, fliegt zurück. Der Rabe hebt seinen Schwanz hoch und macht dem Verkäufer einen Haufen direkt

vor die Füße – platsch! »Kra, kra!«,
krächzt er dazu. »Gut gekauft und danke
schön, bis wir uns mal wiedersehn!« Und
schon sind sie durch die Tür hinaus und
fort. Der Verkäufer starrt auf den Boden.
Da liegt, wo der Rabe hingemacht hat,
plötzlich ein großer Klumpen Gold.
Im selben Augenblick kommt ein Mann in
den Baumarkt gerannt, direkt auf den
Verkäufer zu. »Ludwig, Ludwig, mein
Freund!«, ruft er aufgeregt und schwenkt
einen total kaputten Papierdrachen. »Das
glaubst du nicht! Eine richtige Hexe ist in
der Luft mit meinem Drachen zusammengestoßen!«
»Na und?«, sagt Ludwig, der Verkäufer,
und zeigt auf den Goldklumpen. »Bei mir
hat sie gerade einen Staubsauger
gekauft!«

Die Hexe beim Fasching

»Hu, hu!«, schluchzt die kleine Hexe Pimpinella traurig. »Ich sterbe gleich!« Kater Kasimir reagiert nicht, sondern schläft weiter in seiner Lieblingsecke auf dem Sofa. Pimpinella stampft empört auf: »Ich sterbe vor Langeweile, aber der Schnarchsack wird nicht mal wach!«

»Miau – nicht so laut!«, schnurrt Kasimir müde und öffnet träge ein Auge. »Du könntest doch ein bisschen hexen. Zum Beispiel ein süßes Kätzchen für mich oder wenigstens eine fette Maus!«

»Ich werd dir was hexen!«, kreischt die kleine Hexe und wirft ihren Besen Potzblitz nach dem Kater. »Avanti, belli, monsteri!« Der Besen fliegt quer durchs Zimmer und verwandelt sich zugleich in einen zähnefletschenden Monsterhund. Kasimir

kann sich gerade noch mit einem Sprung
unters Sofa retten. Wumm! Da kracht der
Riesenköter auf seinen Schlafplatz.
»Miau!«, faucht der Kater erschrocken.
»Fliegender Hund am Morgen bringt
Kummer und Sorgen!«
»Du hast den ganzen Tag verschnarcht, es
ist schon Abend!«, schimpft Pimpinella.
»Los, was machen wir? Ich will Spaß!«
Der Kater überlegt. »Miau, wir könnten mal
wieder zu Harry Potter ins Zauberschloss
fliegen . . .«, tönt es vorsichtig unter dem
Sofa hervor.
»Langweilig!«, mault Pimpinella. »Zaubern
kann ich auch zu Hause!«
»Miau«, brummt Kater Kasimir. »Oder
deine Kusinen besuchen?«
»Diese doofen Ziegen?«, stöhnt die kleine
Hexe. »Die reden nur immer über Jungs
und Küssen! Fällt dir nichts Besseres ein?«

»Miau, ich hab's!«, schnurrt der Kater und wagt einen Blick unter dem Sofa hervor.
»Wir fliegen in die Stadt. Bestimmt gibt es im Tierheim neue Katzen!«

»Juhu!«, jubelt Pimpinella. »Wir fliegen in die Stadt!« Sie schnipst mit den Fingern. Aus dem Monsterhund wird wieder ihr Besen Potzblitz.

»Miau!«, schnurrt der Kater freudig. »Ab zu den Miezen!«
Dann fliegen sie los. Hoch durch den Schornstein, quer über den Wald, geradewegs zur Stadt.

»Miau, halt, stopp!«, schreit der Kater. »Da ist das Tierheim!«
Aber Pimpinella lacht nur. »Weiter, Potzblitz, ich will Spaß! Siehst du die hellen Lichter, hörst du die Musik? Dort will ich hin!«

Wie eine Rakete fliegt der Besen mitten in
die Stadt. Wie ein Blitz schießt er vom
Himmel herab und landet genau vor einer
Disco.
»Stark!«, staunt die kleine Hexe. Am
Eingang drängen sich Indianer und
Cowboys, Clowns und Piraten, Ritter und
Prinzessinnen, Monster, Gespenster und
Feen.

Neben der Tür hängt ein großes Schild:
»Heute Fasching! Eintritt ab 15 Uhr nur
mit Kostüm!«

»Kommst du mit rein?«, fragt plötzlich
jemand und tippt ihr auf die Schulter.
Pimpinella dreht sich erstaunt um. Da
lächelt sie ein kleiner Teufel mit einem
lustigen Schnurrbart an. Aus seinen
schwarzen Locken gucken zwei
prächtige Hörner hervor.

»Aber ich habe kein Kostüm«, antwortet Pimpinella unsicher.

»Du bist die allerschönste Hexe hier, du hast sogar einen Besen!«, meint der kleine Teufel lachend und zieht sie mit. »Ich heiße Tobi, das ist die Abkürzung von Tobias.«

»Oh«, säuselt die kleine Hexe überrascht. »Ich bin Pimpinella, aber du kannst Nella zu mir sagen.«

»Und ich?«, faucht Kasimir hilflos. Aber da sind die beiden schon hinter der Tür verschwunden.

Doch ehe er richtig wütend werden kann, schnappt sich eine schwarze Katze mit Halstuch seine Pfote und sagt: »He, ich heiße Sina. Willst du heute mein Kater sein?«

»Miau!«, schnurrt Kasimir überrascht.

»Gestatten, ich bin Kasimir und ich tanze gern mit dir!«

Die Musik ist laut, die Disco rappelvoll.
Überall tanzen und lachen Indianer mit
Prinzessinnen, Cowboys mit Feen, Ritter
mit Seeräubermädchen. Kasimir und die
schwarze Katze sind auch dabei. Mittendrin
dreht sich die kleine Hexe mit dem lustigen
Teufel.

»Wohnst du in der Stadt?«, fragt Tobi
neugierig. »Ich habe dich noch nie in der
Disco gesehen.«

»Ach wo!«, antwortet Pimpinella kichernd.
»Ich lebe in meinem Hexenhaus hinterm
Wald.«

»Alles klar! Eine Hexe wohnt natürlich im
Hexenhaus, hi, hi!«, sagt Tobi lachend und
hält sie noch fester im Arm. »Aber du tanzt
wunderbar! Wollen wir mal richtig
abrocken, so mit Salto und Überschlag?«

»Wenn du willst!«, sagt Pimpinella freudig.
Und Tobi nimmt ihre Hand und wirbelt sie

im Kreis herum, über die Schultern, durch die Luft und zwischen seinen Beinen hindurch. »Juhu!«, kreischt die kleine Hexe vor Glück.

Die Indianer, Prinzessinnen, Piraten und Feen staunen und klatschen. Nur noch Pimpinella und Tobi tanzen und drehen sich und rocken immer wilder.

»Super!«, ruft Tobi freudestrahlend. »Mit dir möchte ich bis zu den Sternen tanzen!«

»Wirklich?«, fragt die kleine Hexe
erstaunt und hat plötzlich ein herrlich
aufregendes Kribbeln im Bauch. »Na los,
Potzblitz!« Und schon sitzen die beiden
Hand in Hand auf dem Besen und fliegen
zur Tür hinaus.
»Hast du das gesehen?«, fragt die
schwarze Katze ungläubig.

»Miau!«, schnurrt Kasimir schmachtend.
»Mit ein bisschen Hexerei kommt die Liebe
eins, zwei, drei!«

Potzblitz jagt in den Himmel hinauf, immer
schneller und höher.
»Wie. . . wieso fliegen wir?«, stottert Tobi
fassungslos.
»Na, weil wir zu den Sternen wollen!«, sagt
Pimpinella lachend. »Hast du, Teufel, das
noch nie gemacht?«
Tobi schüttelt erschrocken den Kopf. »Ich
bin kein Teufel, das ist doch bloß ein
Kostüm! Genau wie bei den anderen
Piraten und Rittern und Monstern. Die
waren doch auch nicht echt! Bist du etwa
eine richtige Hexe?«
»Ach du Schreck!«, murmelt Pimpinella.
Jetzt wird ihr einiges klar. »Dann kannst du
wohl nicht mal fliegen?«

»Natürlich nicht!«, sagt Tobi und schaut ängstlich in die Tiefe.

Eine Weile ist die kleine Hexe sprachlos. Dann fragt sie vorsichtig: »Aber warum wolltest du mit mir zu den Sternen?«

»Na ja«, antwortet Tobi verlegen. »Das sagt man so, wenn man jemanden mag . . .«

»Magst du mich etwa?«, fragt Pimpinella schüchtern. »Willst du immer noch zu den Sternen?«

Tobi nickt und Pimpinella umarmt ihn. Nicht nur, damit er nicht vom Besen fällt.

So fliegen sie am Himmel zwischen den Sternen umher. Sie halten sich fest und lachen und reden und merken gar nicht, wie die Zeit vergeht.

»Ich muss jetzt heim!«, sagt Tobi plötzlich traurig.

»Ich auch!«, seufzt die kleine Hexe. »Soll ich dich nach Hause fliegen?«

»Lieber beim nächsten Mal«, antwortet
Tobi. »Ich muss meine Eltern erst
vorbereiten, damit die keinen Schock
wegen dir kriegen.«
»Verstehe!«, sagt Pimpinella. »Meinem
Kater muss ich das mit uns auch schonend
beibringen.«

Als die kleine Hexe vor der Disco landet, ist
das Licht schon aus und die Tür zu.
Kasimir hockt davor, hat den Kopf in beide
Pfoten gestürzt.
»Na, wie war's?«, fragt Pimpinella neugierig.
Kasimir macht ein wehleidiges Gesicht.
»Miau, ich habe einen furchtbaren Kater
vom vielen Sekttrinken!«
Pimpinella schaut ihn mitleidig an, dann
wundert sie sich: So unglücklich sieht
Kasimir gar nicht aus. Schließlich grinst
sie: Kasimir trägt ein Halstuch!

»Wenn du willst, können wir jetzt viel öfter in die Stadt fliegen«, schnurrt der Kater. Pimpinella nickt begeistert: »Darauf kannst du Gift nehmen!«

Drei hexentolle Tage

Normalerweise fangen Geschichten wie diese an einem Freitag, dem Dreizehnten an. Weil diese Geschichte aber total unnormal ist, beginnt sie schon am Mittwoch, dem Elften.

An diesem Morgen kommt die Lehrerin Frau Flick mit einer neuen Schülerin in die Klasse. »Das ist Corinna Rattenschwanz!«, sagt sie. »Sie wird für einige Tage eure Mitschülerin sein!« Die Mädchen kreischen und lachen, die Jungs johlen. Denn die Neue hat rote, strähnig klebrige Haare, abstehende Ohren und im Gesicht hocken mehr Pickel, als Fliegen auf einen Pferdeapfel passen. Ihre Augen funkeln trotzig. »Bäh!«, macht sie laut und streckt allen die Zunge raus.

»Beruhigt euch!«, ruft die Lehrerin. »Wo setzen wir Corinna hin?«

»Zu mir nicht!«, antwortet es kreuz und quer aus der Klasse, obwohl viele Plätze frei sind. Einige zischen sogar: »Wie die aussieht!«, oder: »Bestimmt stinkt die!«
In der letzten Reihe jedoch meldet sich zaghaft ein Mädchen. Ihre roten Haare sind strähnig, die Ohren sehen aus wie Segelflieger und das Gesicht ist übersät mit Pickeln. »Neben mir ist noch frei, wenn du magst!«, sagt sie schüchtern.
Corinna setzt sich auf den angebotenen Platz und streckt die Hand aus: »Hallo, du hast tolle Haare! Hast du auch einen Namen?«

»Ich heiße Susanne!«, antwortet das Mädchen unsicher. »Äh, Susanne Vogelspeck!«
Ein großer blonder Junge ruft. »He, guckt

mal, die Vogelscheuche hat 'ne Zwillingsschwester, ha, ha!« Und alle lachen und johlen.

»Jens, benimm dich bitte!«, sagt Frau Flick nachsichtig.

»Ist der immer so doof?«, fragt die Neue. Susanne nickt verlegen.

»He, blonde Dumpfbacke!«, ruft Corinna. Jens dreht sich zu ihr um und fragt drohend: »Redest du etwa mit mir, Rattenschwanz?«

Corinna zeigt an die Decke. »Du hast Besuch!« Jens sieht hoch, da flattert plötzlich ein großer Uhu über seinem Kopf. »Wahnsinn!«, staunt er, im selben Augenblick lässt der Vogel einen dicken Klecks fallen und verschwindet wieder durchs offene Fenster.
»Iiii!«, schreit Jens und rennt zum Waschbecken. Aber die Uhukacke geht nicht ab, das ganze Gesicht ist bespritzt.

Die Jungs johlen, die Mädchen kreischen:
»Igitt, wie der aussieht! Igitt, wie der stinkt!«
Jens schämt sich und heult.
»Geh zur Hausmeisterin, die hilft dir«, sagt
Frau Flick. »Und wir beginnen endlich mit
dem Unterricht!«
»Hi, hi!«, kichert Corinna leise. »Wetten, dass
die Hausmeisterin das auch nicht abkriegt?«
Susanne sieht sie erstaunt an.

In der Pause schaut sich Corinna suchend
auf dem Schulhof um. Schließlich entdeckt
sie Susanne in der hintersten Ecke bei den
Müllkübeln. »Wieso versteckst du dich?«,
fragt sie.
»Hier hinten hänselt und ärgert mich
niemand«, sagt Susanne verlegen.
Corinna schüttelt den Kopf. »Warum lässt
du dich ärgern?«
»Was soll ich denn machen?«, entgegnet

Susanne ratlos. »Du kannst mir ja den Trick mit dem Uhu verraten!«

»Welchen Trick?«, fragt Corinna lachend.

»Ich habe beobachtet, wie du Jens angestarrt hast«, erwidert Susanne. »Dann ist der Uhu gekommen.«

Mit einem Mal steht der Blonde neben den Müllkübeln. Sein Gesicht ist knallrot vom Waschen, aber der Uhudreck klebt immer noch drauf.

»Warum glotzt ihr Vogelscheuchen?«, knurrt er wütend.

Susanne zuckt ängstlich zusammen. Corinna starrt Jens wortlos an, dann Susanne. Die hebt plötzlich den Kopf und sagt mutig zu Jens: »Was willst du hier? Scher dich doch zu den anderen!«

Jens reißt verwundert die Augen auf, dann aber stottert er hilflos: »Die . . . die lachen mich doch nur aus!«

Susanne zuckt mit den Schultern. »Tja, du siehst echt bekackt aus, außerdem stinkst du abscheulich! Schlimmer als eine Vogelscheuche!«

»Entschuldige!«, murmelt Jens schuldbewusst. »Ich sag nie wieder Vogelscheuche zu dir, versprochen.« Dann trottet er traurig davon.

Susanne guckt Corinna erstaunt an. »Hast du mich auch verzaubert? Mit jemandem so zu sprechen habe ich mich noch nie getraut!«

»Ich? Verzaubert?«, erwidert Corinna schmunzelnd. »Nein – das warst du selbst!«

Es klingelt zur nächsten Stunde, sie laufen zum Schulgebäude. Susanne denkt die ganze Zeit nach. An der Tür bleibt sie stehen und fragt: »Magst du Suse zu mir sagen? Das sagt sonst nur meine Mutter.«

»Okay!«, antwortet Corinna. »Wenn du mich Cora nennst!«

Am Donnerstag, den zwölften Mai ist in der ersten Stunde Mathematik dran. Jens hockt still auf seinem Platz, das Gesicht voller Creme. Lehrer Schnurrbusch steht an der Tafel und rauft sich verzweifelt die Haare.
»Kann mir denn niemand die Lösung für diese Aufgabe sagen?«
In der Klasse herrscht ahnungsloses Schweigen.
»He, Suse, warum meldest du dich nicht!«, flüstert Cora. »Du weißt es doch!«
»Ph!«, flüstert Suse zurück. »Dann schimpfen mich alle Streberin!«
»Feigling!«, knurrt Cora.
»Na und!«, knurrt Suse zurück.
»Einmal feige, immer feige!«, faucht Cora.
Da schluckt Suse und hebt die Hand.

»Schön!«, freut sich Herr Schnurrbusch.
»Komm bitte vor und erläutere, wie es
geht.«
Unsicher geht Susanne zur Tafel und
nimmt die Kreide. Doch schon mit den
ersten Zahlen ist die Angst weg. Ruhig und
ohne zu stocken, schreibt sie und erklärt
alle Rechenschritte bis zur Lösung.
»Erstaunlich!«, sagt Lehrer Schnurrbusch.
»Wieso warst du bisher immer so
zurückhaltend und still?«
»Super!«, ruft Svenja aus der zweiten
Reihe. »Diesmal habe sogar ich alles
kapiert!«
»Ich auch!«, rufen ein paar andere.
Plötzlich klatscht einer, dann noch einer
und schließlich die ganze Klasse.
Suse guckt erstaunt und verwirrt durch die
Reihen. Cora grinst und zwinkert ihr zu. Da
lächelt auch Suse.

Es ist große Pause, Cora und Suse gehen
die Treppe runter.
»Was glotzt du mich die ganze Zeit von der
Seite an«, fragt Cora grinsend.
»Diesmal habe ich wirklich nichts gemacht.
Die Aufgabe hast du selber gewusst und
zum Klatschen habe ich auch keinen
angestiftet!«

»Hm!«, brummt Susanne nachdenklich und will wieder zu ihrem Versteckplatz hinter den Müllkübeln.

»He, Susanne!«, ruft plötzlich Svenja und kommt mit Oleg und Yildiz angelaufen.

»Kannst du uns helfen? Wir wollen einen Nachhilfeklub für Mathe gründen.«

»Hä?«, fragt Suse total überrascht.

»Wäre schon cool«, murmelt Oleg. »Machst du auch mit, Corinna? Wir wollen uns gleich nach der Schule treffen.«

Am Freitag, den dreizehnten Mai kommt Suse mit einem völlig neuen Haarschnitt in die Klasse. »Schade, Cora, dass du gestern bei unserem Matheklub nicht mitgemacht hast!«
Cora glotzt sie fassungslos an. »He, wo sind die schönen, klebrigen Strähnen? Man sieht deine herrlichen Segelohren gar nicht mehr!«
»Willst du mich veralbern?«, fragt Suse wütend. »Ich finde toll, was Yildiz mit meinen Haaren gemacht hat! Solltest du auch tun!«
»Spinnst du!«, knurrt Cora. »Ich liebe fette Strähnen, abstehende Ohren und ganz besonders mag ich Pickel!«

»Ich hasse Pickel!«, faucht Suse. Im selben Augenblick klingelt es und Frau Flick betritt die Klasse.

Sie setzt sich an ihren Tisch und räuspert sich verlegen. »Bevor wir mit dem Unterricht beginnen, möchte ich etwas sagen. Es passt mir nicht, wie in dieser Klasse Einzelne ausgeschlossen werden. Alle gegen eine – das ist unfair!«, sagt sie und ihr Blick streift Suse. »Ich möchte darüber mit euch reden.«

Jens, Svenja und die anderen ziehen die Köpfe ein. Suse stupst Cora an: »He, was hast du mit der gemacht?«

»Na klar!«, schnauft Cora. »Schon wieder ich!«

Als es zur Pause klingelt, bleibt Cora sitzen. »He, los, wir müssen auf den Hof!«, sagt Suse.

Aber Cora schüttelt traurig den Kopf. »Ich nicht. Ich muss zurück. Meine Zeit hier ist vorbei.«

»Was soll das heißen?«, fragt Suse erstaunt.

Cora packt ihre Schulsachen zusammen. »Du hast es doch gemerkt. Jens und der Uhu, Svenja, Yildiz und Oleg, Frau Flick. He, glotz nicht so! Ich habe ein bisschen gehext!«

»Was hast du?«, fragt Suse fassungslos. Cora nickt. »Ja, ich bin eine Hexe. Ich komme aus einer anderen Welt und aus einer anderen Schule. Die drei Tage mit dir, das war meine Prüfung. Ich hatte die Aufgabe, dich aus deiner Schüchternheit herauszuholen! Deshalb wollte ich auch genauso aussehen wie du!«

»Du . . . du!«, stottert Suse und plötzlich rollen Tränen über ihr Gesicht.

»Du hast mich also benutzt und alles war nur gespielt?«

»Nein, nein, nicht alles!«, beteuert Cora. »Ich habe von Mathe viel weniger Ahnung als du. Und als sie geklatscht haben, habe ich mich am meisten gewundert. Die Idee mit dem Nachhilfeklub oder deine neue Frisur stammt auch nicht von mir. Das hast du alles selber geschafft!«

Suse schnauft und wischt sich mit der Hand über die Nase. »Du bist wirklich eine richtige Hexe?«

»Ja, leider«, sagt Cora.

»Und du willst nicht hier bleiben?«, fragt Suse.

Cora schüttelt den Kopf. »Ich kann nicht. Wo ich herkomme, habe ich Freunde, genau wie du jetzt hier. Die warten auf mich.«

Suse schnauft wieder und nickt. »Du gehst jetzt?«

»Ja«, sagt Cora, nimmt ihre Tasche, steht auf und läuft zum Schrank in der Wand. »Hinter dieser Tür dauert es nur eine kleine Ewigkeit, dann bin ich wieder zu Hause.«

»Warte!«, ruft Suse und hält sie am Arm. »Was ist mit Jens und dem Uhudreck?«

Cora lacht. »Mach dir keine Gedanken. In ein paar Tagen ist das weg.«

»Gut«, sagte Suse erleichtert. »Aber wieso hast du nicht ein einziges Mal ›Hokuspokus‹ oder so etwas gesagt?«

»Das brauch ich nicht!«, sagt Cora. »Ich mache alles mit meinen Gedanken. Man muss nur fest an etwas glauben. So wie du jetzt.« Sie öffnet die Tür und tritt in den Schrank. Doch dann dreht sie sich noch einmal um und gibt Cora eine kleine Tube. »He, das hätte ich fast vergessen. Hier, schmier das jeden Morgen und Abend auf

die Pickel, dann sind die in drei Tagen weg.
Du magst sie ja nicht so wie ich.«
Suse starrt die Tube an. »Wirklich?«
»Ja«, sagt Cora. »Und wenn du mal ganz
verzweifelt bist, dann öffne diese Tür, geh
durch den Schrank und komm zu mir. Ich
helfe dir bestimmt. Es klappt aber nur,
wenn du selbst nicht mehr weiterweißt.«

»He, Susanne!«, ruft plötzlich Herr
Schnurrbusch an der Klassenzimmertür.
»Was suchst du denn da im Schrank?
Warum kommst du nicht auf den Hof?«
»Ich . . . ich«, stottert Susanne und weiß
nicht, was sie sagen soll. Der Schrank ist
leer und Cora ist fort.

Die meisten Geschichten, die vor einem Freitag, dem Dreizehnten anfangen, gehen anschließend weiter. So auch diese Geschichte von Cora und Suse, die mit richtigem Namen Susanne Vogelspeck heißt.

In den nächsten Tagen, Wochen und Monaten öffnet Suse oft heimlich den Schrank und sucht darin eine weitere Tür, die irgendwo hinführt, vielleicht in eine kleine Ewigkeit.

Sie hat die Tür im Schrank aber nie gefunden, denn sie hat sie nie mehr gebraucht.

Hexenprüfung in der Zauberschule

»Hallo!«, ruft die Hexe Amalie Sitzfleisch
und reißt die Tür auf. »Hallo, Serafinus,
aufgewacht, sieh nur, wie die Sonne lacht!«
»Schwupp«, kriecht Serafinus, der kleine
Hexerich, mit dem Kopf unter die
Bettdecke.
»Mutti, ich kann nicht in die Schule!«, klingt
es dumpf unter der Decke hervor. »Ich bin
krank!«
»Du bist krank?«, fragt Frau Sitzfleisch
erstaunt und schlägt die Bettdecke zurück.
Da liegt der kleine Serafinus und sein
Gesicht sieht aus, als hätten tausend rote
Mistfliegen draufgemacht. »Oh, das sind
Masern!«, sagt sie erschrocken. »Oder
hast du etwa gehext?«
Serafinus schüttelt den Kopf und macht ein

unschuldiges Gesicht. »Ich hab nicht gehext, großes Hexenehrenwort! Ich bin ganz schwer krank!«

»Ach, mein kranker, kleiner Hexerich!«, seufzt die Mutter und streicht ihm übers Gesicht. Da verwischen plötzlich die roten Masernpunkte. Sie sieht sich erstaunt um und entdeckt neben dem Kopfkissen einen dicken roten Filzstift. »Aha«, sagt sie vorwurfsvoll. »Solche Masern sind das also!«

Schuldbewusst kriecht Serafinus noch tiefer unter die Decke. »Ich kann heute nicht in die Schule«, sagt er bittend. »Ich habe für die Zauberprüfung nicht gelernt.« »So, du hast Prüfung und nichts gemacht?«, fragt Mutter und zieht wütend die Decke zurück. »Das ist noch lange kein Grund, mich zu belügen! Los, aufstehen!« Da bricht der kleine Hexerich in Tränen aus.

»Wenn ich die Prüfung nicht schaffe, bleibe ich sitzen und alle lachen mich aus!«

»Ist es wirklich so schlimm?«, fragt die Hexenmutter mitfühlend. Serafinus nickt schluchzend.

»Hör auf zu heulen, ich habe eine Idee!«, sagt sie.

Frau Sitzfleisch fliegt geradewegs zur Schule. Serafinus auf seinem kleinen Besen hinterher. »Los!«, ruft sie. »Gib Gas, wir müssen vor den anderen da sein!« Tatsächlich sind sie die Ersten in der Klasse.

Als die anderen Schüler den Klassenraum betreten, sitzt Serafinus schon auf seinem Platz. »Hallo, Serafinus!«, ruft Maxi. »Hast du gelernt?«

»Wie verrückt!«, antwortet Serafinus aufgeregt und schielt immer wieder rüber zum Schrank. Dann erscheint auch Frau Schnappauf in der Klasse. Sie ist die klügste Hexe an der Zauberschule.

»Wir beginnen jetzt mit der Prüfung!«, sagt sie streng und stellt sich zwischen ihren Tisch und den Schrank. »Serafinus kommt als Erster dran! Welche Kräuter braucht man für die Herstellung von Niespulver?«

Serafinus weiß es sofort, denn die Frage ist kinderleicht. Aber die Hexe Schnappauf fragt weiter: »Wie verwandelt man ein Meerschwein in einen Stier?«

Serafinus kratzt sich nachdenklich am Kopf. »Können sie bitte vom Schrank weg und zum Fenster gehen?«, fragt der kleine Hexerich hilflos. »Da kann ich nämlich besser überlegen. Außerdem blendet mich dann die Sonne nicht mehr.«

Die Klasse lacht laut. Die Hexe Schnappauf geht kopfschüttelnd zum

Fenster. »Ist das wieder einer deiner Tricks, Serafinus? Aber, meinetwegen, wenn es dir beim Überlegen hilft.«

»Oh ja!«, sagt Serafinus froh und wiederholt die Frage so laut, dass man sie bis auf den Schulhof hören kann: »Wie verwandelt man ein Meerschwein in einen Stier?«

Gleich darauf flüstert es aus dem Schrank: »Hokuspokus, drei mal vier, Schwein vom Meer wird wilder Stier!«

»Ist doch klar!«, sagt Serafinus erleichtert. »Hokuspokus, drei mal vier, Schwein vom Meer wird wilder Stier!«

Frau Schnappauf nickt. »Sehr gut. Die
nächste Frage: Wie verwandelt man eine
Mücke in einen Elefanten?«
»Das ist eine gute Frage!«, sagt Serafinus
und wiederholt laut: »Wie verwandelt man
eine Mücke in einen Elefanten?«
»Ja!«, sagt die Hexe Schnappauf
erstaunt.

»Aber du musst nicht mein Echo spielen, vor allem nicht so laut. Hier ist keiner schwerhörig.«

Wieder lacht die ganze Klasse. Dummerweise kann Serafinus dadurch die Antwort aus dem Schrank nicht verstehen. »Das . . . das ist ganz einfach«, stottert Serafinus. »Je lauter ich mir die Frage wiederhole, umso schneller fällt mir die Antwort ein.« Und dann ruft er noch mal laut: »Wie verwandelt man eine Mücke in einen Elefanten?« Natürlich lacht die Klasse erneut. »Psst!«, schimpft Serafinus. »Ich muss denken!« Zum Glück kann er aber die geflüsterte Antwort verstehen. »Die Antwort lautet«, sagt er erleichtert, »Hokuspokus, Hexenhand, Mücke werd zum Elefant!« »Aha?«, sagt die Hexe Schnappauf und überlegt. Schließlich fragt sie schmunzelnd: »Gut, Serafinus. Zuletzt eine

ganz einfache Frage, die du sicher ohne
laute Wiederholung sofort beantworten
kannst. Wie holt man jemanden aus einem
Schrank, der sich darin versteckt hat?«

»Ha, ha!«, lacht Serafinus, denn das ist
wirklich babyleicht, das weiß er schon seit
dem Versteckspielen im Kindergarten.

»Hokuspokus, dideldaus, komm sofort aus
dem Schrank heraus!«, ruft Serafinus stolz.
Im selben Augenblick öffnet sich die
Schranktür hinter ihm und eine Eule flattert
heraus.

»Oh!«, ruft die Klasse erstaunt.

»Ich Dummkopf!«, stöhnt Serafinus
erschrocken und sein Gesicht wird mit
einem Mal so rot wie eine Tomate.

»Das ist aber eine Überraschung!«, sagt
Frau Schnappauf lachend. »Wie ist denn
die liebe Frau Sitzfleisch in den Schrank
gekommen, noch dazu als Eule?«

»Hokuspokus, Hexenglück«, murmelt die Eule und schüttelt ihr Gefieder. »Gib mir die Gestalt zurück!« Da steht plötzlich, statt der Eule, Serafinus' Mutter vor dem Schrank und schaut verlegen zu Boden. Die Lehrerin Schnappauf nimmt ihre Hand. »Kommen Sie. Ich muss mit Ihnen reden!« An der Tür dreht sie sich noch mal um. »Kinder, ihr habt zehn Minuten Pause!«

»Auweia!«, sagt Maxi zu Serafinus. »Das gibt aber ganz großen Hexenärger! War das wieder mal einer deiner Tricks?«

»Ich . . . ich . . .«, stottert Serafinus, ». . . ich bin an allem schuld. Meine Mutter kann gar nichts dafür!« Und dann rennt er raus aus der Klasse. Er läuft zum Lehrerzimmer, aber dort ist die Hexe Schnappauf nicht und auch nicht beim Direktor. Er sucht auf den Gängen und Fluren, nirgendwo sieht er die Lehrerin

oder seine Mutter. Plötzlich jedoch hört er Stimmen. Er äugt um die Ecke, da hocken zwei große Eulen nebeneinander auf dem Fensterbrett und reden und lachen.

»Weißt du noch, Amalie?«, sagt die eine Eule mit der Stimme von Frau Schnappauf. »Das war meine Idee mit dem Schrank vor über zwanzig Jahren, hihi!«

»Ja, Camilla«, lacht die andere Eule mit der Stimme von Frau Sitzfleisch. »Unser Lehrer hat damals nicht gemerkt, wie du mir vorgesagt hast, hihi!«

»Aber die Prüfung muss dein kleiner Serafinus wiederholen!«, sagt die Eule Schnappauf.

»Natürlich!«, antwortet die Eule Sitzfleisch. »Und dafür wird er ordentlich lernen!«